Collection
évasion
lectures en français facile

NIVEAU 3

La Veste noire

Évelyne Wilwerth

Édition : Rachel Barnes
Illustrations : Jean-Jacques Lee
Conception et mise en page : Christian Blangez

© CLE International, 2005
ISBN : 978-209-031542-4
© Copyright Éditions Hurtubise HMH limitée 2001, Montréal, Canada

DÉCOUVRIR

Observe...

Regarde toutes les illustrations et essaie de prédire ce qui va se passer dans l'histoire.

Lis et découvre la Meuse...

- C'est un fleuve.
- Elle prend sa source en France.
- Elle a donné son nom à un département français.
- Elle arrose trois pays : la France, la Belgique et les Pays-Bas.
- Elle traverse la ville de Liège en Belgique (voir le chapitre 5).

Le rouge...

Dans ce texte, il est souvent question de la couleur rouge. Trouve dans ta langue des équivalents aux expressions suivantes :

- Rougir
- Avoir les joues écarlates
- Avoir les joues en feu
- Être rouge comme une tomate
- Être rouge comme une pivoine (fleur)

Présentation

Roxane :
elle découvre
une veste spéciale.

Lilas :
elle veut aider Roxane.

Charles :
il a des choses à raconter.

Pivoine :
c'est la mère de Lilas.

Chapitre 1

Chez Pivoine

Premier juillet. Premier jour de vacances. À Liège.

Le boulevard ou la rue Saint-Gilles ? Roxane se décide pour cette longue rue qu'elle connaît mal. Elle enfonce les mains dans ses poches et se met à marcher assez vite. Cent mètres, deux cents mètres, trois cents mètres. Soudain elle s'arrête. Devant elle, un mot en grosses lettres rouges : « Pivoine ». Et, en dessous, elle lit « Friperie ». Roxane relit le mot « Pivoine », rougit légèrement... Elle a tout à coup envie d'entrer dans ce magasin. Mais qu'est-ce qu'il lui arrive ? Ce n'est pas son habitude de... Elle est entrée.

– Bonjour, toi.

Roxane rougit plus fort devant cette femme très maquillée. Roxane est tentée de sortir. Trop tard. Le fond du magasin l'attire. Comme un aimant ! Des dizaines de vestes se balancent sur des cintres. Roxane palpe les

---

une friperie : magasin où on vend des vêtements déjà portés.
un aimant : un morceau de métal qui attire le fer.
un cintre : objet qui sert à accrocher les vêtements.
palper : toucher avec les doigts.

Chapitre 1

tissus, le cœur battant. Elle sursaute : une des vestes lui tombe dans les mains. Une veste noire.

– Essaie-la. Le miroir est là.

Roxane **bafouille** :

– Non, je... je...

Trop tard. La veste est **enfilée**. Quel choc, dans le miroir ! Quoi ! C'est bien elle, cette fille ? N'est-ce pas une autre ? Quelle élégance ! Mais ces joues écarlates...

– Elle te va parfaitement. Ça met ta blondeur en évidence.

Roxane veut cacher ses joues. Elle voudrait calmer les battements de son cœur. Puis ces trois mots de la vendeuse, prononcés d'une voix plus grave :

– Ça fait femme.

Roxane se retrouve devant le comptoir. Au fond du magasin, le rideau a tremblé. Roxane met une main dans une poche, en sort un billet. Le billet donné hier soir par ses parents, pour ses très bons résultats scolaires. Elle fixe les lèvres rouges de la commerçante.

– Je l'emballe, ta veste ?

– Non, je la garde sur moi, répond Roxane.

---

un tissu : matière qui sert à faire des vêtements, des rideaux, etc.
bafouiller : ne pas savoir quoi dire.
enfiler : mettre un vêtement.

Roxane se retrouve devant le comptoir.

Chapitre 1

La rue. Et le soleil ! Enfin ! Roxane refait le trajet, mais en sens inverse. Trois mots se répètent dans son corps, son cœur, sa tête : « Ça fait femme. » Et du coup Roxane change de **démarche**, avance plus lentement en redressant le dos.

Le boulevard, le carrefour. Les terrasses dansent dans le soleil. Et si... et si... Roxane hésite, rougit à nouveau, **se traite de** folle. Elle murmure :

– Mon premier vêtement acheté toute seule. Puis mon premier verre à une terrasse, toute seule...

Thé citron. Garçon charmeur. Roxane croise les jambes, comme les femmes **raffinées**. Plein de pensées **tourbillonnent** en elle : « J'ai l'impression d'être une autre ! Je me sens tout à coup moins timide, plus sûre de moi... Peut-être que cette veste est un peu magique ! »

Roxane remarque une grande fille brune, plantée sur le trottoir. La fille semble l'observer, finit par approcher.

– Excuse-moi, mais tu portes ma veste.

– Ah ? s'écrie Roxane. Mais...

– Tu l'as achetée chez ma mère. J'étais là, derrière le rideau. Je t'ai suivie.

– Chez... Chez...

– Oui, chez Pivoine, ma chère mère. Moi, c'est Lilas.

---

une démarche : la façon de marcher.
se traiter de : se dire qu'on est....
raffiné(e) : qui a beaucoup de goût, de délicatesse.
tourbillonner : tourner très vite, s'agiter.

Les deux filles s'observent.

Mais c'est pas toujours une ambiance de fleurs chez nous.

– Moi, c'est Roxane. Assieds-toi.

Les deux filles s'observent.

– Roxane, la frisée blonde. Et Lilas, la frisée brune, dit Lilas.

La grande fille a souri. Mais elle a un air dur. Roxane continue :

Chapitre 1

– Lilas, visage ovale. Et Roxane, visage tout rond, tout rond !

– Tu sais quoi ? dit Lilas.

– Non.

– Cette veste te va bien. Mieux qu'à moi.

– Elle n'est pas un peu... un peu magique, cette veste noire ?

– Chez Pivoine, rien n'est magique.

COMPRENDRE

1. Relie les personnages à leurs caractéristiques :

- mère de Lilas
- blonde

a. Roxane •
- visage oval

b. Lilas •
- tient un magasin

c. Pivoine •
- brune
- très maquillée
- visage rond

2. À propos du texte :

a. Relève toutes les indications du texte qui montrent que l'histoire se déroule en été :

....

....

....

b. « Ce n'est pas son habitude. » Relève toutes les phrases du chapitre qui confirment que Roxane fait des choses qu'elle n'a pas l'habitude de faire :

....

....

....

....

....

3. À ton avis :

Quel âge donnes-tu à Roxane ? Pourquoi ?

Roxane regarde le vêtement, longuement.

Chapitre 2

Étrange découverte

Le lendemain matin, Roxane **ferme à clé** la porte de sa chambre. Alors qu'elle est seule dans l'appartement ! Elle prend sa veste, en palpe le tissu, l'enfile lentement devant le haut miroir de son armoire. Elle se parle à elle-même :

– La **grimace** de mes parents, hier, quand ils m'ont vue ! Tous les deux **en chœur** : « Ça fait femme... » En tout cas, elle me va comme un gant.

Roxane regarde le vêtement, longuement. La taille légèrement **cintrée**, les manches étroites, les sept boutons recouverts de tissu noir, les deux poches minuscules.

---

fermer à clé : tourner la clé dans la porte.
une grimace : déformation du visage pour montrer son mécontentement.
en cœur : ensemble, en même temps.
cintré(e) : serré à la taille.

– Oui, comme un gant.

Roxane tourne sur elle-même, fait quelques pas de danse, s'immobilise devant le miroir.

– Mais c'est qui, celle-là ? La future Roxane ?

Elle retire la veste noire, la dépose sur le lit, l'examine encore. L'ouvre, palpe la doublure et tremble.

– Tiens, il y a quelque chose dans la doublure.

Roxane palpe encore. Oui, pas de doute. Elle veut savoir. Elle sort rapidement de sa chambre, file dans le salon, ouvre un tiroir et prend une paire de ciseaux.

Elle allume sa lampe de bureau, pose la veste sur le bois clair. Oublie la pluie qui bat contre la vitre. Les points sont très serrés. Ne pas couper dans la doublure. Roxane se concentre.

– C'est peut-être vraiment une veste magique ?

Roxane a défait la couture sur six centimètres. Encore deux ou trois. Voilà. Ses doigts se faufilent entre les tissus, touchent un papier, le retirent.

– Un papier... avec un message !

Ses doigts tremblent. Le texte est écrit à la main, au

---

la doublure : tissu à l'intérieur d'un vêtement.
filer : aller très vite.
un point (de couture) : le fil qui se voit entre chaque piqûre d'aiguille.
se faufiler : passer.

Ses doigts se faufilent entre les tissus, touchent un papier.

stylo noir. Mais pas en français ! Roxane redresse la tête, les joues en feu.

Elle se précipite dans le couloir, recherche dans l'annuaire, finit par trouver le numéro du magasin Pivoine. Elle demande à parler à Lilas.

un annuaire : livre qui contient toutes les adresses et les numéros de téléphone.

Chapitre 2

– Lilas ! Tu dois venir. J'ai découvert quelque chose de mystérieux ! Tu as le temps ? Oui, boulevard Piercot, 27. Tu sonnes chez Ferron. Deuxième étage.

Quatorze minutes plus tard, Lilas est là. Les cheveux **ruisselants**. **Essoufflée**.

– Déjà ?

– J'ai couru comme une folle !

Roxane entraîne Lilas dans sa chambre. Elle lui montre le message.

– Il était dans la doublure.

– Bizarre... Mais c'est en anglais ! Tu comprends l'anglais ?

– Non.

– Moi, un peu. Quelle écriture irrégulière ! *We are...* Ça veut dire... « nous sommes » ?

– Mes parents ont sûrement un dictionnaire. Viens !

Les filles se retrouvent dans le salon.

– Comme c'est chic, chez toi ! Jamais vu un appartement aussi grand ! Qu'est-ce qu'il fait, ton père ?

– Dentiste.

– Et ta mère ?

ruisselant(e) : très, très mouillé(e).
essouflé(e) : qui n'a plus de souffle, qui respire très rapidement.

– Dentiste.

– Hein ? Et tu te fais soigner par eux ?

– Surtout pas ! J'ai trouvé. Anglais-français.

Roxane entraîne Lilas dans sa chambre. Elle lui montre le message.

COMPRENDRE

1. Pour mieux comprendre :

a. Quelle est la date ? ....

b. Quel est le nom de famille de Roxane ? ....

c. Où se trouve le message secret ? ....

d. À qui est-ce que Roxane parle de sa découverte ? ....

e. En quelle langue est écrit le message ? ....

2. À propos du texte :

Relève les phrases du texte qui montrent que Roxane pense que la veste lui va très bien.

....
....
....
....
....

À ton avis :

D'après ce chapitre et le chapitre précédent, pourquoi est-ce que Roxane pense qu'il s'agit d'une veste magique ?

Chapitre 3

Une enquête

Dans la chambre, c'est la fièvre. Un cours d'anglais intensif !

– Reprenons, dit Roxane. *We are* : « nous sommes ».

– *Nine* : « neuf ».

– *Illegal workers* : dictionnaire !

– *Illegal* : « illégal ». Ça, on s'en doutait, dit Lilas.

– *Worker* : « travailleur, ouvrier ». Il y a des expressions. Ah : *illegal worker*...

– Eh bien ?

Roxane est rouge comme une tomate.

– Eh bien ? répète Lilas.

– « Clandestin »...

la fièvre : quand la température du corps est trop élevée. Ici, très grande activité.
on s'en doutait : on le savait déjà, ce n'était pas difficile à comprendre.
un ouvrier : une personne qui travaille de ses mains.
clandestin : qui est interdit par la loi, illégal (travailleur clandestin).

Chapitre 3

— Continuons, dit Lilas. *Help*, c'est « aider ». « Aidez-nous. » Et là, c'est l'adresse. Rue Darchis. C'est pas loin ! Numéro 57 ? 51 ? 4000 Liège. Mais qu'est-ce que tu as, Roxane ?

Roxane est là, debout, l'air grave.

— C'est peut-être un vrai message... Je sais que ça existe, les **ateliers** clandestins. La veste, tu l'avais achetée quand ?

— Il y a cinq mois maximum.

— Où ?

— Dans une boutique de la rue Cathédrale. Mais qu'est-ce que tu as ?

Roxane enfile la veste, redresse la tête, attend quelques secondes, puis dit calmement :

— On va **faire une enquête**, Lilas.

— Hein ? J'ai pas envie d'avoir des problèmes, moi ! À cause de cette veste !

— Il y a peut-être des gens à aider. On va essayer. On commence tout à l'heure.

✵✵✵✵

17 heures. Roxane arrive dans la rue Darchis. Trottoir des numéros impairs. Pas de Lilas à l'horizon. Viendra-t-elle ? Roxane avance, tête bien droite. Numéros 23, 25, 27. Pas de Lilas. Le cœur qui bat. 39, 41, 43. N'est-ce pas dangereux, cette enquête ? Trop tard. Numéro 49... Une

un atelier : endroit où travaillent les ouvriers.
faire une enquête : rechercher des informations.

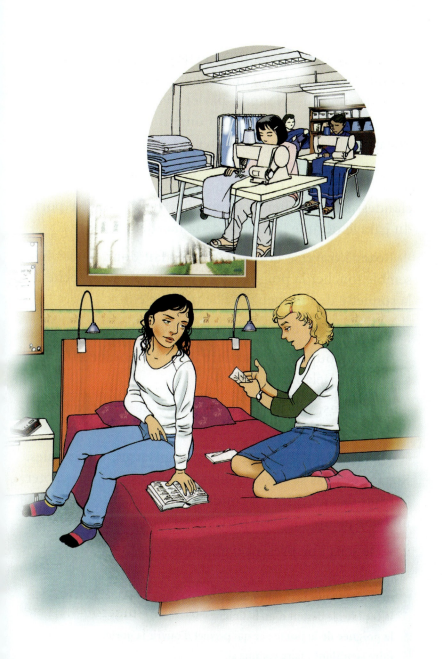

*C'est peut-être un vrai message…
Je sais que ça existe, les ateliers clandestins.*

Chapitre 3

longue silhouette apparaît à l'extrémité de la rue : Lilas ! Grands signes de la main. Numéro 51. Roxane s'arrête. Lilas la rejoint. Ne pas parler haut, ne pas attirer l'attention. La maison du numéro 51 est à vendre. Roxane et Lilas échangent un regard, se dirigent vers le 57. Roxane rougit. Lilas pâlit. Devant elles, une très large porte de garage. C'est peut-être là derrière que des clandestins travaillent comme des esclaves… La porte du garage occupe la moitié de la façade.

Roxane traverse la rue. Mais que fait donc Lilas ? Elle semble toucher la poignée de la porte, puis s'approche de la sonnette de l'immeuble. Elle traverse enfin.

– Prudence ! dit Roxane à l'oreille de Lilas.

– Beaucoup de poussière sur la poignée. Et ils s'appellent Delgouffre.

– Faisons semblant de discuter et observons, dit Roxane.

La façade est austère. Rideaux grisâtres, vitres sales. Roxane et Lilas se taisent soudain. Elles essaient de capter le bruit des machines à coudre ! Mais un autobus passe, un bébé pleure quelque part.

– Je sens une présence, murmure Lilas.

> **un esclave :** une personne qui appartient à un maître, qui n'est pas libre.
> **la façade :** le devant d'un bâtiment.
> **la poignée de la porte** : ce qui permet d'ouvrir la porte.
> **faire semblant :** faire comme si.
> **une machine à coudre :** une machine pour faire la couture, pour faire des vêtements.

*Elle semble toucher la poignée de la porte,
puis s'approche de la sonnette de l'immeuble.*

Lilas lève la tête. Oui ! Elle a entrevu quelqu'un là-haut, à la fenêtre du deuxième étage. Sur le trottoir où elles se trouvent, celui des numéros pairs.

Quelques minutes s'écoulent. Roxane lève la tête à son tour, aperçoit le visage d'un adolescent. Elle lui fait signe de descendre. Ce garçon a dû observer beaucoup de choses !

▌ **entrevoir :** voir mal ou voir très rapidement.

De longues minutes passent. Rien. Pas de mouvement. Roxane et Lilas s'éloignent, très déçues. Soudain, le bruit d'une porte, des pas rapides... Quel échalas, ce garçon ! Tout roux, tout rougissant et bafouillant :

– Je... je... Charles.

– On fait une enquête, chuchote Roxane. Allons là-bas, à l'entrée du parc d'Avroy.

Les voilà tous les trois sous le premier marronnier.

– On veut en savoir plus sur le numéro 57, dit Roxane.

Elle explique. La veste noire.

– La voici !

Et le message dans la doublure.

– Le voici !

Charles le déchiffre. Il bafouille encore :

– Je... je... j'ai hésité à descendre. Mes parents et tous les voisins disent qu'il ne faut surtout pas se mêler de cette histoire...

– Raconte ! s'écrient les filles.

> **être déçu(e) :** être triste parce que quelque chose est différent de ce que l'on veut, de ce que l'on attendait.
> **un échalas :** une personne grande et maigre.
> **bafouiller :** parler mal à cause de l'émotion.
> **chuchoter :** parler tout bas.
> **un marronnier :** un grand arbre.
> **déchiffrer :** lire quelque chose qui est difficile à comprendre.
> **se mêler de quelque chose :** s'occuper de quelque chose.

COMPRENDRE

1. Mets les événements dans l'ordre.

a. Charles descend voir les filles.
b. Roxane et Lilas cherchent l'adresse à la rue Darchis.
c. Roxane et Lilas traduisent le message
d. Roxane, Lilas et Charles discutent dans le parc.
e. Roxane et Lilas décident de trouver la personne qui a écrit le message.
f. Roxane voit un garçon à la fenêtre.
g. Roxane et Lilas trouvent la maison.

2. Corrige les erreurs dans ce texte.

Le message dans la veste est en français. C'est un message secret écrit par un amoureux. Roxane ne veut pas savoir qui a écrit le message. À 13 heures, Roxane va à la rue Darchis. Lilas arrive à l'heure. La maison qui intéresse les filles se trouve au numéro 51. Les propriétaires de la maison s'appellent Dupont. On peut entendre les machines à coudre dans l'atelier. Le garçon à la fenêtre appelle la police.

3. À propos du texte :

a. Comment sait-on que Charles observe les filles pendant un long moment ?

....

b. Quelle est la première réaction de chaque adolescent face à cette enquête ?

....

4. À ton avis :

Pourquoi est-ce que Lilas remarque de la poussière sur la poignée de la porte ?

Les voilà tous les trois sous le marronnier.

Chapitre 4

Rue Darchis

Charles baisse la voix. Cela fait plus d'un an qu'il est **intrigué** par le numéro 57. Depuis l'arrivée de ces nouveaux propriétaires. Ce couple qui possède une grosse camionnette et une voiture. L'homme et la femme sortent seulement le soir ou la nuit. Deux fois par semaine, la femme dépose une dizaine de sacs-poubelles sur le trottoir. Beaucoup trop pour deux personnes...

– Et tu entends du bruit dans le garage ? demande Lilas.

– Un matin, tôt, j'ai cru entendre des machines. Et deux ou trois fois, j'ai entendu des **éclats de voix**. Des disputes.

– Tu es prêt à nous aider, Charles ? dit Roxane.

– Oui.

> **être intrigué :** être curieux.
> **un éclat de voix :** quand une personne parle très fort.

CHAPITRE 4

Alors Roxane répartit les tâches. Surveillance de la maison, ouverture de sacs-poubelles.

—On se retrouve ici même dans une semaine, donc mercredi à 18 heures. D'accord ?

– D'accord.

– Salut, Charles l'échalas, s'écrie Lilas.

– Salut, les... les échalotes !

Charles et Lilas s'éloignent. Roxane attend dix minutes sous le marronnier. Puis elle traverse le boulevard, s'enfonce dans une rue étroite, les yeux brillants. Elle repère assez vite la façade arrière du numéro 57 grâce à la forme du toit. Elle veut crier. La façade est superbe ! Avec un balcon plein de fleurs et de plantes. Rideaux, fenêtres : tout est riche et pimpant. Roxane va partir. Elle jette un dernier regard sur le balcon : quelqu'un soulève le rideau, furtivement. Elle est repérée.

Huit jours plus tard. 15 heures 01. Roxane attend Lilas devant le commissariat de police, un dossier sous le bras et un sac en plastique à la main. Elle se sent calme, assez sûre d'elle. Comme elle a changé, en peu de temps ! Mais

> répartir les tâches : distribuer le travail.
> une échalote : une plante utilisée comme condiment.
> pimpant : élégant et gai.
> repérer quelqu'un : voir quelqu'un.

Ce couple possède une grosse camionnette et une voiture.

il faut agir très vite. Surtout que Lilas a été repérée lorsqu'elle a ouvert un sac-poubelle. Monsieur Delgouffre est apparu et l'a chassée et injuriée...

15 heures 05. Lilas est en retard. Mais viendra-t-elle ? La police lui fait peur. Charles, lui, est parti en vacances ce matin. 15 heures 07. Lilas ne viendra plus. Roxane monte les marches, pousse une lourde porte.

Chapitre 4

– Roxane ! Attends-moi ! dit Lilas, tout essoufflée.

Les filles pénètrent dans le commissariat. Deux policiers bavardent.

– On voudrait vous parler, dit Roxane.

Le plus jeune approche.

– Alors, les filles ?

Roxane commence à expliquer, ouvre son dossier, montre le message des clandestins.

Le policier hausse les épaules.

– Vous regardez trop la télé, hein ! Et puis nous, on a du boulot ! C'est pas vrai, Marcel ?

Roxane insiste. Lilas aussi.

– Les gamines qui ont trop d'imagination, on connaît. Ça suffit. Partez.

Le visage du policier s'est durci. Roxane et Lilas sont stupéfaites.

– Allez ! Débarrassez le plancher !

---

hausser les épaules : soulever et baisser les épaules pour montrer que quelque chose n'intéresse pas.
du boulot (fam.) : du travail.
un(e) gamin(e) (fam.) : un garçon, une fille.
débarrasser le plancher : partir.

L'autre intervient soudain :

– Vous reviendrez dans un an ou deux nous montrer vos jolies petites têtes.

Roxane ouvre son dossier, montre le message des clandestins.

COMPRENDRE

**1. Dans ce résumé du chapitre, il manque des phrases.
Tu les trouveras en dessous, dans le désordre.**

Charles observe ce qui se passe au 57, rue Darchis depuis plus d'une année. ... Charles veut aider Roxane et Lilas. ... Ils veulent aussi découvrir le contenu des sacs-poubelles.

... Elle voit un beau balcon, mais quelqu'un la regarde ! ... Mais M. Delgouffre la chasse quand elle regarde dans un sac-poubelle.

... Roxane explique ce que les trois jeunes ont trouvé, mais les policiers sont moqueurs. ...

a. Lilas aussi surveille la maison et elle regarde dans un sac-poubelle.

b. Les trois jeunes décident de surveiller la maison.

c. Roxane et Lilas sont déçues.

d. Roxane quitte le parc et découvre l'arrière de la maison suspecte.

e. L'homme et la femme ont une camionnette et une voiture, ils sortent seulement la nuit.

f. Une semaine plus tard, Roxane et Lilas vont au commissariat.

2. À propos du texte :
Relève tous les détails qui montrent que l'activité de M. et Mme Delgouffre est suspecte :

....
....
....
....
....

3. À ton avis :
Ce que font Roxane, Lilas et Charles est-il dangereux ? Pourquoi ?

Chapitre 5

Le dossier

Roxane et Lilas se retrouvent dans le couloir. Roxane, toute rouge. Lilas, assez pâle. Soudain Roxane se redresse et dit à Lilas :

– On ne se laisse pas faire ! On y retourne !

Roxane se place devant les deux policiers et déclare :

– Nous voulons être reçues par votre chef.

– Ça va pas, vous deux !

Roxane élève la voix mais garde son calme. Elle répète sa phrase. Tout à coup, une porte s'ouvre. Un policier apparaît, beaucoup plus âgé.

– On a fait une enquête. C'est très important. On veut être écoutées.

■ **se laisser faire :** accepter ce que quelqu'un impose.

Chapitre 5

Vingt secondes plus tard, Lilas et Roxane sont installées dans le bureau du chef. Roxane **rouvre** le dossier, montre le message, lit la **synthèse** de toutes leurs découvertes.

– Vendredi 3 juillet, 18 heures 30. Enquête de Lilas. Dans un premier sac-poubelle : très nombreuses **épluchures** de pommes de terre. Deuxième sac : nombreux bouts de tissu. En voici...

Le chef examine tout.

– Je veux voir ta veste de plus près. Peux-tu l'enlever ?

Roxane ôte sa veste, surprise. Le chef compare les tissus.

– Vous me donnez la suite de vos **constats** ?

Il lit, parfois à voix haute.

– « Samedi 4 juillet, 21 heures 07. Enquête de Charles. Le couple propriétaire arrive en camionnette. L'homme et la femme rentrent chez eux avec onze sacs du supermarché... » Vous patientez un peu, les filles ? Je consulte mon ordinateur.

---

rouvrir : ouvrir encore, ouvrir de nouveau.

une synthèse : ensemble organisé d'informations, résumé.

une épluchure : la peau des pommes de terre ou des carottes qu'on ne mange pas et qu'on jette à la poubelle.

un constat : quelque chose qu'on a vu.

Roxane ôte sa veste, surprise.

Chapitre 5

Roxane et Lilas échangent un long regard.

– Bon. Je veux vos noms, adresses et numéros de téléphone. Puis vous signerez votre déposition. Vos parents sont au courant ?

– Non...

– Il faut leur parler. J'ai décidé de mener une enquête. Vous serez averties. Mais je vous conseille de ne plus fréquenter ces rues. Surtout que les Delgouffre vous ont repérées. On n'est pas très gentil dans ces milieux-là.

– Et ma veste ? demande Roxane.

–Je suis obligé de la garder quelque temps. Tu comprends ?

Roxane et Lilas se retrouvent à l'extérieur. Roxane saute de joie.

– Passionnant ! Mais qu'est-ce que tu as ?

Lilas a les yeux humides.

– J'ai peur. Pivoine a eu beaucoup de problèmes avec la police...

Veste empoisonnée.

---

une déposition : déclaration faite par une personne devant la police.
être au courant : savoir.
humide : mouillé(e).
empoisonné(e) : qui peut faire mourir ; ici, qui cause des problèmes.

✶✶✶✶✶ LE DOSSIER

Quinze jours plus tard. Lilas court jusqu'au milieu de la Passerelle. S'arrête brusquement.

Elle regarde sa montre, la Meuse, sa montre. 14 heures 28. C'est elle qui a choisi ce lieu de rendez-vous. Pas de Roxane. 14 heures 30. Une veste noire surgit. Lilas se précipite.

Une veste noire surgit. Lilas se précipite.

Chapitre 5

– Tu as ta veste, Roxane ! Dis, tu as entendu la radio, ce matin ?

Les filles s'embrassent, bondissent, s'embrassent encore.

– Pivoine n'a pas eu de problème ? demande Roxane.

– Non, aucun. Elle est même **fière** de nous.

Roxane ouvre un sac en plastique, en sort un paquet de journaux. Elles s'asseyent par terre. Et découvrent, le cœur battant. Les photos : le groupe d'ouvriers clandestins. Des Thaïlandais. Les titres : « Un atelier clandestin... » « **Exploitation** de clandestins... » « Nouveau scandale en plein centre de Liège... » « Arrestation du couple Delgouffre au **passé chargé**... »

Les filles lisent les articles. « Les **patrons** les obligeaient à travailler au moins quatorze heures par jour, sans salaire. C'est dans ce même garage qu'ils mangeaient, qu'ils dormaient sur des **paillasses**. Un **évier** leur servait de salle de bains... »

---

fier (fière) : satisfait, heureux de quelqu'un ou de quelque chose.

exploiter : se servir de quelqu'un ou de quelque chose pour son profit.

avoir un passé chargé : avoir eu des problèmes avec la police dans le passé.

un patron : celui qui donne le salaire aux ouvriers.

une paillasse : tissu rempli de paille qui sert de matelas.

un évier : dans la cuisine, endroit où l'on fait la vaisselle.

COMPRENDRE

1. Associe un élément de chaque colonne pour former cinq phrases.

a. Le chef • • sont arrêtés • • de l'enquête des jeunes.

b. Roxane et Lilas • • découvrent • • des articles sur l'enquête.

c. Roxane et Lilas • • est fière • • à cause de l'enquête.

d. Les Delgouffre • • présentent • • de faire une enquête.

e. Pivoine • • décide • • les documents de l'enquête.

2. Dis si ces phrases sont vraies ou fausses, et explique ta réponse.

Exemple : Les Delgouffre vivaient tout seuls à la rue Darchis.
– Non, ils faisaient travailler là des ouvriers clandestins.

a. Les travailleurs clandestins étaient des Indiens.
b. Les ouvriers fabriquaient des vêtements.
c. Les ouvriers travaillaient pour un petit salaire.
d. Les travailleurs avaient de petites chambres.

3. À propos du texte :

a. Pourquoi est-ce que Lilas est triste au début de l'enquête ? Pourquoi est-ce qu'elle change d'avis ?
b. Relève les phrases qui montrent l'importance de la veste.

4. À ton avis :

Pourquoi est-ce que soudain on parle de « veste empoisonnée » ?

Lilas et Roxane se regardent.

Chapitre 6

Fin... et suite

Lilas est très pâle. Roxane, très rouge. Elle continuent de lire les articles « Des sans-papiers emmenés de Paris en camionnette... » « Cet atelier pourrait en cacher d'autres... » « Les clandestins sont menacés de mort à la moindre tentative de révolte... » « Ce Thaïlandais de dix-neuf ans a risqué la mort en glissant un message dans la doublure d'un vêtement. Il avait trouvé par hasard un bon de commande où figurait l'adresse de Delgouffre. »

— Dix-neuf ans ? Il paraît plus âgé, murmure Lilas.

« Son grand frère avait, paraît-il, hurlé en pleine nuit pour alerter les voisins. Il a disparu. »

Lourd silence sur la Passerelle.

— Regarde, dit Roxane.

---

un sans-papiers : quelqu'un qui se trouve illégalement dans un pays.
une tentative de révolte : un essai pour se libérer.
un bon de commande : un papier sur lequel on demande certains produits.
hurler : crier très fort.

Chapitre 6

« Grâce à deux jeunes filles, l'enquête... »

– Et là !

« Des gamines ont joué aux détectives... » « Trois adolescents **désœuvrés** se sont lancés... »

Lilas et Roxane se regardent. Avec tout un mélange de sentiments dans les yeux : émotion, indignation, révolte, joie.

Elles fixent le fleuve. De longues minutes s'écoulent. Le ciel se charge de nuages.

– Tu sais quoi ? dit Lilas. C'est ici que je viens quand j'ai le **cafard**.

– Hein ? Moi aussi. Quand mes parents m'**agacent**. Ils sont très stricts ! Ils m'interdisent de sortir seule. En principe ! Mais... comme tu es pâle, Lilas ! Tu te sens malade ?

Lilas hésite à parler, se mord les lèvres.

– Dis-moi, Lilas.

– Toute cette enquête m'a fait réfléchir. Je... j'ai décidé de...

Une **péniche** passe lentement sous la Passerelle, s'éloigne.

– J'ai décidé de tout faire pour retrouver mon père. Je ne l'ai jamais vu. Je veux le connaître. J'en ai besoin.

désœuvré(e) : qui n'a rien à faire.
avoir le cafard : être triste et déprimé.
agacer : énerver, irriter.
une péniche : un bateau qui transporte des marchandises sur un fleuve.

Roxane ôte vite sa veste et la tend au-dessus d'elles.

Pivoine a fini par accepter que j'en avais le droit.

– Une autre enquête, dit doucement Roxane. Si tu veux, je t'aiderai. On a déjà réussi la première...

Une grosse goutte de pluie, une seconde.

– Ça risque d'être plus long, cette enquête-ci...

– Je ferai tout pour t'aider, Lilas.

Une autre péniche. Cinq gouttes de pluie.

– Dis, j'allais oublier... J'ai fixé rendez-vous à Charles l'échalas, dit Lilas.

Chapitre 6

– Pour fêter ça ?

– Oui. Et pour le remercier. J'ai un petit cadeau pour lui... Des échalotes en emballage-cadeau !

– Où est-ce qu'il nous attend ?

– Chez Achille ! On va lui offrir une glace, d'accord ?

Un nuage craque. La pluie s'abat sur la Passerelle. Les filles se relèvent. Roxane ôte vite sa veste et la tend au-dessus d'elles. Et la veste noire s'éloigne ; elle saute, elle bondit. Elle danse sous la pluie d'été.

FIN

■ craquer : se déchirer.

COMPRENDRE

1. Corrige les erreurs de ce texte.

Lilas et Roxane regardent les informations à la télévision. Leur enquête a réussi. En fait, c'est l'un des clandestins, un Sénégalais de 35 ans qui a glissé un message dans la doublure de la veste noire. Il a vu l'adresse sur une enveloppe. Les filles ont terminé leur enquête et elles veulent profiter de leurs vacances : elles vont partir chez le père de Lilas. Elles ne vont plus revoir Charles.

2. À propos du texte :

Lilas et Roxane se regardent. Avec tout un mélange de sentiments dans les yeux : émotion, indignation, révolte, joie. Relève tous les éléments dans le texte qui peuvent expliquer chacun de ces sentiments.

- Émotion : ....
- Indignation : ....
- Révolte : ....
- Joie : ....

3. Pourquoi est-ce que Roxane va offrir des échalotes à Charles ?

4. À ton avis :

Relève toutes les expressions du texte qui ont un rapport avec l'eau.

Pourquoi est-ce que l'eau est si importante dans le dernier chapitre de ce texte ?

DISCUTER

Réfléchis...

La personne la plus courageuse de l'histoire n'a pas été dessinée. Qui est-elle ?

À ton avis...

Quelle est l'importance des couleurs dans cette histoire, particulièrement le rouge et le noir ?

Tu es journaliste...

Choisis un type de journal et ensuite relate les détails de cette histoire dans un article.

Discute...

Que sais-tu sur l'immigration clandestine ? Que penses-tu que les gouvernements devraient faire pour limiter les abus ?

CORRIGÉS

Page 11

1. a. blonde, visage rond ; **b.** visage ovale, brune ; **c.** mère de Lilas, tient un magasin, très maquillée.

2. a. premier juillet, premier jour de vacances, les terrasses dansent dans le soleil ;
b. Elle a tout à coup envie d'entrer dans ce magasin. Mais qu'est-ce qui lui arrive ? Roxane bafouille. Mon premier vêtement acheté toute seule. Puis mon premier verre à une terrasse, toute seule. J'ai l'impression d'être une autre !

Page 18

1. a. le 2 juillet (le lendemain matin) ; **b.** Ferron ; **c.** dans la doublure de la veste ; **d.** à Lilas ; **e.** en anglais.

2. elle l'enfile lentement devant le miroir, elle dit : « elle me va comme un gant » deux fois, elle fait quelques pas de danse devant le miroir, elle l'examine sur le lit.

Page 25

1. c-e-f-g-b-a-d

2. Le message dans la veste est en anglais. C'est un message secret peut-être écrit par un travailleur clandestin. Roxane veut savoir qui a écrit le message.
À 17 heures, Roxane va à la rue Darchis. Lilas arrive en retard. La maison qui intéresse les filles se trouve au numéro 57. Les propriétaires de la maison s'appellent Delgouffre. On ne peut pas entendre les machines à coudre dans l'atelier. Le garçon à la fenêtre descend voir les filles.

3. a. Je sens une présence, murmure Lilas. Elle a entrevu quelqu'un là-haut, à la fenêtre du deuxième étage. Roxane [...] aperçoit le visage d'un adolescent.
b. Roxane : On va faire une enquête. Lilas : J'ai pas envie d'avoir des problèmes, moi ! Charles :Je... je... j'ai hésité à descendre.

47

CORRIGÉS

Page 32

1. e-b-d-a-f-c

2. L'homme et la femme sortent seulement le soir ou la nuit. Deux fois par semaine, la femme dépose une dizaine de sacs-poubelles sur le trottoir. Charles a cru entendre des machines. La maison est superbe : tout est riche et pimpant. Roxane est surveillée et Lilas est chassée.

Page 39

1. a. décide de faire une enquête ; b. découvrent des articles sur l'enquête ; c. présentent les documents de l'enquête ; d. sont arrêtés à cause de l'enquête ; e. est fière de l'enquête des jeunes.

2. a. Non, Thaïlandais ; b. Oui, parce qu'il y avait beaucoup de morceaux de tissu, et ils avaient mis le message dans la veste de Roxane ; c. Non, ils travaillaient 14 heures par jour sans salaire ; d. Non, ils travaillaient, mangeaient et dormaient dans le garage.

Page 45

1. Lilas et Roxane regardent des journaux. Leur enquête a réussi. En fait, c'est l'un des clandestins, un jeune homme thaïlandais de 19 ans qui a glissé un message dans la doublure de la veste noire. Il a vu l'adresse sur un bon de commande. Les filles ont terminé leur enquête et elles veulent commencer une autre enquête : elles vont chercher le père de Lilas. Pour l'instant, elles vont retrouver Charles pour une glace.